RECETTES ET PHOTOGRAPHIES DE SANDRA MAHUT



# UN DÎNER À BALI

## poulet satay, nasi goreng, gado-gado...

LES PETITS PLATS
MARABOUT
ORIGINAUX & AUTHENTIQUES
DEPUIS L'AN 2000

# SOMMAIRE

## LES BASIQUES DE BALI



## RIZ ET NOUILLES



## CURRYS ET SATAYS



## VIANDES ET POISSONS



## VEGGIE FOOD



## DESSERTS ET BOISSONS

1

2

3

4

6

7
BINTANG

8

9

11

12

13
I ♥ BALI DOGS

14

16

17
BANGO
ABC

18

19
SHRIMP PASTE
PATE DE CREVETTE

# LES INGRÉDIENTS BALINAIS

La cuisine balinaise est familiale et traditionnelle. Les recettes se transmettent de mères en filles, on cuisine toute la journée, entre femmes, pour préparer les repas de toute la famille pour une semaine… On utilise de nombreux ingrédients provenant de la nature, le plus employé étant le cocotier, dont sont issus le sucre, la noix de coco, la farine et l'huile. Épices, fruits, légumes, agrumes, noix… et même café et cacao… Tout pousse à Bali ! Cette richesse fait de la cuisine balinaise une cuisine raffinée synonyme d'un véritable art de vivre.

### COMBAVA (1)
Agrume vert, dont on ne consomme que la peau, râpée. Odeur très citronnée, exotique.
Lieu d'achat : magasin asiatique.
Alternative : citron vert.

### NOIX DE MACADAMIA (KÉRIMI) (2)
Petite noix tendre qui s'écrase en donnant une texture pâteuse aux préparations.
Lieu d'achat : magasin asiatique.
Alternatives : noix du Brésil, noix de cajou.

### CITRONNELLE (3)
Bâtonnet blanc à vert pâle, dont il faut retirer les premières couches.
Formes et lieux d'achat : fraîche en magasin asiatique, émincée en bocal, sous-vide surgelée.

### ÉCHALOTES FRITES (4)
Utilisées en finiton, pour saupoudrer.
Forme : à frire soi-même ou à acheter en boîte déjà frites.
Lieu d'achat des boîtes : magasin asiatique.

### BASILIC THAÏ (5)
Basilic très parfumé, très différent du basilic italien.
Lieu d'achat : épicerie asiatique.

### SUCRE DE PALME (6)
Sucre non raffiné issu du cocotier.
Forme : poudre ou pavé (à gratter).
Lieu d'achat : magasin asiatique.
Alternative : sucre brun non raffiné (vergeoise brune, cassonnade).

### CACAHUÈTES (7)
Grillées non salées.
Lieu d'achat : magasin asiatique.
Alternative : cacahuètes en coques (car elles sont non salées), qui présentent l'avantage de se trouver en supermarché.

### CORIANDRE FRAÎCHE (8)
Herbe dont les feuilles ressemblent au persil, mais au goût beaucoup plus prononcé. Très utilisée en cuisine asiatique.
Lieu d'achat : supermarché, primeur.

### RACINE DE GINGEMBRE (9)
Forme : racine à râper. Plus parfumé frais qu'en poudre.
Lieu d'achat : rayon exotique ou rayon légumes des supermarchés.
Alternative : poudre de gingembre, rayon épices.

### AIL ROSE (10)
Ail de printemps, aux gousses plus petites que celles de l'ail blanc. Très utilisé dans les sauces au pilon, pour donner de la force aux préparations.
Lieu d'achat : supermarché.

### COCO RÂPÉE (11)
Issue de la noix de coco fraîche (quasiment introuvable en France).
Forme : râpée, en sachet.
Lieu d'achat : magasin bio.
Alternative : coco râpée type Vahiné®.

### PÂTE DE TAMARIN (12)
Pâte issue du fruit du tamarinier, très acidulé.
Forme : pâte à diluer (la ramollir dans de l'eau chaude quelques secondes puis la délayer) ou déjà diluée en préparation liquide.
Lieu d'achat : magasin asiatique.
Alternative : jus de citron + sucre.

### PIMENT LONG (ROUGE OU VERT) (13)
Piment fin de forme allongée, beaucoup moins piquant que le petit piment rouge (forme du piment oiseau).
Lieu d'achat : primeur, magasin asiatique.
Alternatives : piments surgelés, piment d'Espelette en poudre.

### CIVE (14)
Longue tige verte, entre ciboulette et oignon vert, à ciseler dans les soupes.
Lieu d'achat : magasin asiatique.
Alternatives : ciboulette ou tige verte des oignons nouveaux.

### GALANGA (15)
Racine plus parfumée (boisée et acide) et plus hydratée que le gingembre.
Lieu d'achat : magasin asiatique.

### FEUILLES DE KÉFIR (OU LIME) (16)
Feuilles du combava.
Lieu d'achat : magasin asiatique.
Alternative : jus de citron vert.

### KECAP MANIS/ASIN (17)
Sauce soja sucrée/salée.
Lieu d'achat : magasin asiatique.
Alternative : sauce soja japonaise/sauce soja claire.

### FEUILLES DE PANDAN (18)
Longues feuilles vertes très parfumées, utilisées pour les desserts.
Lieu d'achat : magasin asiatique.
Alternative : poudre de pandan.

### PÂTE DE CREVETTES (19)
Pâte sombre, à base de crevettes séchées fermentées, assez forte. Se conserve très longtemps au frais.
Lieu d'achat : magasin asiatique.
Alternative : sauce nûoc-mam.

### NÛOC-MAM (20)
Sauce claire à base de poisson fermenté, très salée.
Assaisonnement de base en Asie.
Lieu d'achat : supermarché.

### SAUCE D'HUÎTRE (20)
Condiment asiatique brun et gluant, assez epais et salé, au goût caramélisé.
Lieu d'achat : supermarché.
Alternatives : caramel, sirop d'érable.

# LES SAMBALS

Les épices abondent sur tous les marchés de Bali. Elles sont très fraîches et prêtes à être pilées. C'est la raison pour laquelle les Balinais préparent eux-mêmes les pâtes sambal qui leur servent de base pour toutes leurs recettes (des currys aux viandes grillées en passant par les poissons au four.) Ces sambals sont utilisés comme bases pour des marinades ou pour aromatiser les préparations en sauce, ou bien encore en accompagnement, un peu comme une moutarde. À Bali, les sambals sont toujours très colorés et surtout très très épicés ! Je vous propose de doser vous-même les ingrédients afin qu'ils soient adaptés à votre palais.

## SAMBAL HIJAU

### POUR 1 PETIT POT - CONSERVATION 1 MOIS AU FRAIS

**6 piments verts longs, ½ c. à c. de pâte de crevettes, ½ oignon émincé, 4 gousses d'ail épluchées, 10 cl d'huile végétale, 15 cl d'eau, 1 c. à s. de pâte de tamarin ramollie, ½ c. à s. de sauce nuoc-mâm, 1 c. à c. de sel**

1. Éplucher et émincer l'ail et l'oignon. Mixer la pâte de crevettes et le sel. Faire chauffer doucement l'huile dans un wok ou une sauteuse et y faire revenir l'oignon 2 minutes. Ajouter l'ail, la pâte de crevettes salée et la sauce nuoc-mâm, laisser mijoter 1 minute puis ajouter les piments émincés.
2. Ajouter l'eau et la pâte de tamarin ramollie (voir page 6).

## SAMBAL OLEK OU MATAH

### POUR 1 PETIT POT - CONSERVATION 1 MOIS AU FRAIS

**4 petites échalotes roses, ½ c. à c. de pâte de crevettes, ½ c. à c. de sel fin, 1 c. à s. de vinaigre de riz, 3 piments rouges, 1 ou 2 petits piments rouges, 1 c. à c. de racine de gingembre émincée, 2 bâtons de citronnelle, 3 feuilles de kéfir ou de lime, 3 c. à s. d'huile végétale coco (magasin bio) ou, à défaut, d'arachide, de colza ou de tournesol**

1. Épépiner et émincer les piments et les piments. Éplucher et émincer les échalotes. Émincer la citronnelle et les feuilles de kéfir.
2. Écraser les ingrédients dans un mortier ou les mixer.

## SAMBAL TOMATE

### POUR 1 PETIT POT - CONSERVATION 1 MOIS AU FRAIS

**4 piments longs, 2 petits piments rouges, 2 échalotes, 5 gousses d'ail, 3 tomates moyennes, 1 c. à c. de pâte de crevettes, 4 noix de kérimi ou 4 noix de macadamia ou 6 noix de cajou, 8 cl d'huile végétale, 1 c. à s. d'échalotes frites, sel**

1. Épépiner et émincer les piments. Éplucher et émincer les échalotes et l'ail. Émonder et couper les tomates en dés. Placer les piments, les tomates, l'ail, la pâte de crevettes, les échalotes, les noix et le sel dans le bol d'un mixeur et mixer jusqu'à obtention d'une pâte rouge.
2. Verser l'huile dans une sauteuse sur feu moyen, faire revenir la pâte de tomates, elle doit réduire pendant 5 minutes. Si la pâte semble sèche, rajouter plus d'huile.

## SAMBAL FRIT

### POUR 1 PETIT POT - CONSERVATION 1 MOIS AU FRAIS

**1 c. à c. de pâte de crevettes, 1 c. à c. de curcuma en poudre, 6 petites échalotes, 5 gousses d'ail, 3 piments longs rouges, 1 petit piment rouge, 15 cl d'huile de coco ou végétale, 1 c. à c. de sel fin**

1. Épépiner et émincer les piments. Écraser la pâte de crevettes avec le sel dans un bol à la fourchette.
2. Éplucher et émincer finement l'ail et les échalotes.
3. Mettre à chauffer l'huile dans une sauteuse, faire sauter les échalotes et l'ail jusqu'à coloration (baisser le feu s'ils noircissent trop vite). Ajouter les piments, le curcuma et la pâte de crevettes. Mélanger, retirer du feu et vider le trop plein d'huile. Conserver au réfrigérateur.

# LES SAUCES AU PILON

## LA SAUCE SATAY (BUMBU PECEL)

Cette sauce est un condiment incontournable dans toute l'Indonésie ; elle varie d'intensité et sera plus ou moins forte en fonction des régions. Elle accompagne surtout les viandes et notamment les brochettes de poulet au barbecue.

**150 g de cacahuètes grillées non salées, décortiquées, 4 gousses d'ail, 2 petits piments rouges, 1 piment long, 8 cl d'huile d'arachide, 1 petite tomate, 1 c. à s. de kecap manis (sauce soja sucrée), 1 verre d'eau chaude, 2 feuilles de kéfir (ou lime), 1 c. à s. de sucre de palme ou roux, 2 c. à s. de jus de citron vert, 20 cl de lait de coco, 3 pincées de fleur de sel, poivre**

1. Faire chauffer l'huile dans une sauteuse et faire griller les cacahuètes jusqu'à coloration légère, les égoutter et les essuyer avec du papier absorbant, saler. Épépiner les piments et éplucher l'ail.
2. Mixer tous les ingrédients secs (sauf les cacahuètes) dans un mixeur ou les écraser dans un mortier.
3. Ajouter les cacahuètes et les liquides (kecap manis, eau chaude, lait de coco, jus de citron vert). Saler, poivrer et verser plus ou moins, en fonction des goûts, de kecap manis. Servir avec des échalotes frites.

### LA VERSION DU SUPERMARCHÉ

Certaines marques asiatiques proposent de la sauce satay en bocal. Moins saisissante que la version maison, c'est néanmoins une bonne alternative pour retrouver les saveurs de Bali dans une recette express.

## LA SAUCE CURRY

Voici la base de tous les curry de Bali. Elle se conserve au réfrigérateur. Vous pourrez l'utiliser pour de prochaines préparations de curry en y ajoutant d'autres ingrédients.

**4 noix de kérimi (ou de noix de macadamia ou 6 ou 7 noix de cajou), 1 c. à s. de graines de coriandre, 2 gousses de cardamome verte, ½ c. à s. de grains de poivre noir, 6 échalotes, 5 gousses d'ail, 5 piments longs rouges, 2 petits piments (rouges ou verts), 2 bâtons de citronnelle, 2 cm de racine de galanga, 2 cm de racine de gingembre, 1 cm de racine de curcuma ou 2 c. à c. de curcuma en poudre, 2 c. à c. de sucre de palme ou de sucre roux**

1. Enlever les graines de cardamome de leur gousse. Éplucher et émincer les échalotes. Éplucher les gousses d'ail. Épépiner et émincer les piments et les poivrons. Émincer la citronnelle (la partie blanche) et râper ou émincer le galanga, le gingembre et le curcuma.
2. Dans un mortier ou un mixeur, écraser tous les ingrédients pendant 5 à 10 minutes : la pâte doit être homogène et juteuse.

# RIZ COCO SALÉ
## babur saur

**4 PERSONNES - PRÉPARATION 25 MINUTES - CUISSON 10 À 15 MINUTES**

150 g de riz basmati blanc
2 feuilles de pandan ou de plante salam
2 petits oignons verts
15 cl de lait de coco
½ c. à s. de sel fin (ou de fleur de sel)
Quelques cacahuètes grillées

1. Dans un Rice Cooker (ou une cocotte ou une casserole à fond épais), verser le lait de coco et un petit verre d'eau, ajouter le sel et les feuilles de pandan coupées en deux. Mélanger.

2. Laver le riz à grande eau et l'égoutter. Le verser dans le Rice Cooker et allumer en position cuisson. Le riz absorbe le lait de coco et cuit en 10 minutes environ.

3. Retirer les feuilles de pandan. Servir le riz au lait de coco parsemé de ciboule finement émincée et de quelques cacahuètes grillées.

### CONSEIL

Si l'on dispose de noix de coco fraîchement râpée, on peut la faire griller à la poêle puis ajouter de l'eau et 1 gousse d'ail, 4 noix de kérimi et un peu de racine de galanga pilées. Cette sauce donne un goût plus authentique à ce pudding salé.

4 PERSONNES - PRÉPARATION 30 MINUTES - CUISSON 10 MINUTES

# NASI GORENG
## riz sauté au poulet et à l'œuf

### INGRÉDIENTS

2 blancs de poulet émincés finement en lamelles
2 œufs
3 c. à s. d'huile d'arachide
1 carotte
1 gousse d'ail
1 c. à s. de sauce soja
400 g de riz basmati cuit et froid
4 tiges de ciboule
½ bouquet de coriandre ciselée

### SAUCE SAMBAL OELEK

2 petits piments rouges
10 cl d'eau
1 c. à c. de sucre en poudre
1 c. à s.de vinaigre blanc
1 c. à s. d'huile d'arachide
1 c. à c. de sel

1. Hacher menu les 2 petits piments. Amener à ébullition dans une casserole avec 10 cl d'eau. Baisser le feu, couvrir et laisser frémir pendant 15 minutes. Verser l'ensemble réduit dans un mixeur avec le sel, le sucre, le vinaigre blanc et l'huile d'arachide. Mixer pour réduire en fine puré. (Cette purée de piments peut être conservée dans un bocal en verre pendant au moins 2 semaines au réfrigérateur.)

2. Émincer la ciboule en petits bâtonnets. Battre les œufs en omelette et les verser dans une poêle chauffée avec 1 cuillerée à soupe d'huile.

3. Cuire à feu doux en une mince crêpe, verser dans une assiette. Lorsqu'elle est froide, la rouler sur elle-même pour l'émincer en fines lamelles. Réserver.

4. Mettre l'huile restante dans un wok ou une grande poêle, ajouter le poulet, la carotte coupée en fins bâtonnets et laisser brunir doucement. Ajouter le sambal oelek, la sauce soja, le riz et la ciboule. Laisser frire jusqu'à ce que l'ensemble prenne une belle couleur dorée et soit bien chaud.

5. Ajouter l'ail épluché et finement émincé et remuer bien en soulevant avec une spatule avant de stopper la cuisson. Servir immédiatement, parsemé de lanières d'omelette et de coriandre ciselée.

# NASI GORENG
## variantes

## PATATE DOUCE

#### 4 PERSONNES - PRÉPARATION 25 MINUTES - CUISSON 10 À 15 MINUTES

**300 g de riz rouge ou de riz sauvage (épicerie bio), 2 petites patates douces (à chair orange), ½ bouquet de coriandre, 2 c. à s. de kecap manis (sauce soja sucrée), 2 c. à s. de kecap asin (sauce soja salée), huile végétale ou d'arachide, chips de crevette**

#### PÂTE D'ÉPICES

**2 échalotes, 2 gousses d'ail , 1 piment long rouge, ½ petit piment rouge, ½ c. à c. de pâte de crevettes**

1. Faire cuire le riz rouge comme indiqué sur le paquet avec un peu de gros sel. Égoutter. Éplucher les patates douces.

2. Dans une autre casserole, faire cuire 5 à 10 minutes les patates douces coupées en cubes de 1 cm de côté. Égoutter.

3. Peler et émincer les échalotes et l'ail. Égrainer et émincer les piments. Mixer les ingrédients de la pâte d'épices ou les pilonner dans un mortier, jusqu'à l'obtention d'une pâte homogène.

4. Dans une sauteuse, faire revenir la pâte d'épices dans un peu d'huile puis ajouter les cubes de patates douces. Ajouter le riz, mélanger délicatement, sans écraser les cubes de patates douces. Ajouter la sauce kecap manis et la sauce kecap asin et mélanger à nouveau pendant 3 à 4 minutes, en remuant doucement. Servir chaud, parsemé de coriandre ciselée.

#### CONSEIL

On peut ajouter une feuille de pandan ou un morceau de gingembre dans l'eau de cuisson du riz pour le parfumer.

## LÉGUMES VERTS

#### 4 PERSONNES - PRÉPARATION 25 MINUTES - CUISSON 10 À 15 MINUTES

**4 grosses crevettes crues, 200 g de riz cuit (basmati), 2 choux type bok choy ou choy sum, 200 g d'épinards frais, 150 g de petits pois, 2 branches de basilic thaï, 100 g de pois gourmands , 1 c. à s. de sauce d'huître, 1 c. à s. de sauce nuoc-mâm, 2 c. à s. de kecap manis (sauce soja sucrée), huile végétale ou d'arachide**

#### PÂTE D'ÉPICES

**3 échalotes, 3 gousses d'ail, 4 petits poivrons verts, 3 petits piments verts (piquants), 1 c. à c. de pâte de crevettes**

1. Peler et émincer les échalotes. Éplucher les gousses d'ail. Égrainer et émincer les piments. Dans un mixeur ou dans un pilon en pierre, mixer ou écraser tous les ingrédients de la pâte d'épices jusqu'à l'obtention d'une pâte juteuse et homogène. (Si la pâte obtenue est trop épaisse, rajouter 1 cuillerée à soupe d'eau.)

2. Couper les choux en lamelles. Laver et découper en tronçons de 2 cm les pois gourmands. Laver et émincer les épinards. Dans une casserole d'eau bouillante salée, plonger les petits pois et les pois gourmands, les laisser blanchir 5 à 6 minutes avant de les égoutter.

3. Verser un peu d'huile dans un wok ou une sauteuse et faire frire les crevettes fendues dans la longueur.

4. Faire frire la pâte d'épices, ajouter les légumes verts égouttés ainsi que les épinards. Laisser sauter les légumes quelques minutes puis ajouter le riz et remuer. Verser la sauce nuoc-mâm, la sauce d'huître puis la sauce kecap manis. Bien mélanger avec une grande cuillère en bois.

5. Ciseler finement le basilic thaï, l'ajouter au riz sauté, mélanger. Ajouter les crevettes sautées et remuer une dernière fois. Servir sans attendre avec des chips de crevette.

4 PERSONNES - PRÉPARATION 30 MINUTES - CUISSON 10 À 15 MINUTES

# MIE GORENG
## nouilles sautées aux légumes

### INGRÉDIENTS

2 sachets de nouilles pour soupes instantanées (250 g de nouilles de blé aux œufs)
150 g de blanc de poulet
2 œufs
2 c. à s. de kecap manis (sauce soja sucrée)
1 c. à s. de sauce nuoc-mâm
1 c. à s. de sauce maggi (exhausteur de goût)
2 carottes
1 petit poireau
½ chou chinois long
2 c. à s. d'huile d'arachide
1 concombre
2 tomates
une poignée de chips de crevette
150 g de germes de soja frais
2 c. à s. d'échalotes frites
2 tiges de ciboule ou ½ bouquet de ciboulette

### PÂTE DE PIMENTS

2 échalotes
3 gousses d'ail
2 piments rouges

1. Faire bouillir une casserole d'eau et y faire cuire les nouilles comme indiqué sur l'emballage 4 à 5 minutes. Les égoutter et réserver.

2. Mettre à chauffer l'huile végétale dans une sauteuse ou un wok et faire revenir le poulet coupé en fines lamelles. Lorsque le poulet est bien doré, le sortir de la sauteuse et le réserver. (Si le poulet a rendu de l'eau à la cuisson, retirer l'eau de la sauteuse et essuyer le résidu avec un papier absorbant.)

3. Verser à nouveau de l'huile et faire frire les échalotes émincées et les gousses d'ail écrasées. Le mieux est de les pilonner avant ou de les mixer avec les piments pour faire une pâte d'épices (sambal). Ajouter le poireau émincé finement, les carottes coupées en petits bâtonnets, le chou chinois émincé.

4. Rajouter le poulet frit, les nouilles et les trois sauces, bien mélanger en faisant constamment remonter vers le haut les ingrédients. Le feu doit rester assez fort, mais il faut faire attention à ce que les ingrédients du fond ne brûlent pas. Laisser cuire quelques minutes, jusqu'à ce que les légumes fondent légèrement.

5. Casser les œufs dans un bol, les fouetter en omelette et les ajouter à la préparation aux nouilles. Mélanger vivement.

6. Servir les nouilles sautées dans des assiettes et ajouter les tomates coupées en morceaux, des chips de crevette, le concombre émincé et des germes de soja. Parsemer le tout d'échalotes frites et de ciboule ciselée.

# MIE GORENG
## variantes

## FRUITS DE MER

4 PERSONNES - PRÉPARATION 30 MINUTES - CUISSON 10 À 15 MINUTES

**200 g de nouilles de blé aux œufs (ou 2 sachets de soupe), 4 à 6 grosses crevettes crues décortiquées, 6 à 8 mini maïs (en boîte), 100 g de pois gourmands, 50 g de calamars surgelés, 50 g de moules surgelées, 2 c. à s. de kecap manis(sauce soja sucrée), 2 c. à s. de kecap asin (sauce soja salée), 1 c. à s. de sauce nuoc-mâm, le jus de 1 citron vert, 3 c. à s. d'huile de friture, 2 ciboules ou ½ bouquet de ciboulette**

PÂTE D'ÉPICES

**1 petit piment rouge, 3 échalotes , 2 gousses d'ail, ½ c. à c. de graines de coriandre, 1 c. à s. de sauce d'huître**

1. Faire bouillir une casserole d'eau et y faire cuire les nouilles 4 à 5 minutes, comme indiqué sur l'emballage. Les égoutter et réserver. Égoutter les mini maïs.

2. Dans un mortier ou au mixeur, réduire en purée l'ail et les échalotes épluchés, le piment égrainé et émincé et les graines de coriandre. Ajouter la sauce d'huître et mixer ou écraser.

Dans un wok ou une sauteuse, faire sauter les crevettes et les calamars avec l'huile sur feu moyen-vif. Ajouter la pâte d'épices et bien mélanger (le feu ne doit pas être trop fort). Ajouter les moules, les pois gourmands et les mini maïs, tous coupés en tronçons de 1 cm de long.

3. Ajouter les nouilles égouttées et verser les sauces kecap manis et kecap asin, la sauce nuoc-mâm et le jus de citron vert. Mélanger le tout assez énergiquement avec deux cuillères en bois en remontant les ingrédients du dessous vers le haut. Faire sauter quelques minutes. Lorsque les nouilles sont enrobées de sauce et que les pois gourmands et les mini maïs sont cuits, mais encore croquants, stopper la cuisson et servir sans attendre, saupoudré de ciboulette ou de ciboule ciselée.

## CHOU VERT

4 PERSONNES - PRÉPARATION 30 MINUTES - CUISSON 10 À 15 MINUTES

**¼ de chou blanc (500 g de chou émincé), 200 g de nouilles de blé aux œufs (ou 2 sachets de soupe), 3 échalotes, 3 gousses d'ail, 2 piments longs, 1 piment rouge, 2 petits blancs de poireaux, 1 c. à s. de sauce d'huître, 1 c. à s. de kecap manis (sauce soja sucrée), 1 c. à s. de sauce nuoc-mâm, 3 c. à s. d'huile végétale, 2 c. à s. d'échalotes frites, poivre**

1. Éplucher et émincer l'ail et les échalotes. Égrainer et émincer finement les piments. Émincer le chou et les blancs de poireaux.

2. Dans un wok ou une sauteuse, verser l'huile et faire revenir l'ail et les échalotes 1 ou 2 minutes, sans qu'ils accrochent ou colorent trop vite. Ajouter les piments et mélanger avec une cuillère en bois. Ajouter le chou, les blancs de poireaux, puis remuer.

3. Ajouter les sauces puis les nouilles. Lorsque le chou a commencé à fondre, verser un peu d'eau ou de bouillon si cela est trop sec. Remuer avec deux cuillères en bois en remontant les ingrédients du fond vers le haut, jusqu'à ce que les nouilles soient bien recouvertes de sauce : le tout doit prendre 5 minutes. Servir avec les échalotes frites.

4 À 6 PERSONNES - PRÉPARATION 20 MINUTES - CUISSON 25 MINUTES

# CURRY DE POULET

### INGRÉDIENTS

600 g de filet de poulet, découpé en petits morceaux de 2 cm de côté
3 feuilles de kéfir (ou lime)
2 bâtons de citronnelle
2 c. à s. de pâte de tamarin
25 cl de lait de coco
3 c. à s. d'huile végétale
fleur de sel
½ bouquet de coriandre, échalotes frites et riz gluant, pour servir

### PÂTE DE CURRY

4 noix de macadamia ou de cajou
4 piments longs
2 ou 3 petits piments rouges
3 à 4 gousses d'ail
4 échalotes
1 c. à c. de poivre en grains ou du 5 baies
1 c. à c. de graines de coriandre
2 bâtons de citronnelle
1 cm de racine de galanga émincé
1 cm de racine de gingembre émincé
1 c. à s. de curcuma en poudre
2 c. à s. de sucre de palme gratté ou de sucre roux

1. Éplucher et émincer l'ail et les échalotes. Égrainer et émincer les piments. Émincer la citronnelle (la partie blanche) et les racines. Mixer ou écraser dans un mortier tous les ingrédients de la pâte de curry jusqu'à l'obtention d'une pâte homogène. Ajouter un peu d'eau si la pâte est trop épaisse.

2. Émincer la citronnelle (la partie blanche). Dans un wok ou une sauteuse, faire revenir la pâte de curry dans l'huile végétale chaude. Ajouter la citronnelle et les feuilles de kéfir puis laisser dorer 30 secondes en remuant bien et constamment.

3. Ajouter le poulet et bien le laisser dorer. Ajouter 25 cl d'eau et le tamarin et délayer le tamarin doucement (voir page 7). Saler légèrement, puis laisser mijoter à feu doux pendant 10 minutes.

4. Lorsque le poulet est cuit, ajouter le lait de coco et poursuivre la cuisson 5 minutes. Baisser le feu et laisser mijoter 3 minutes de plus à couvert.

5. Servir le curry avec du riz gluant cuit à la vapeur ou un riz basmati. Parsemer le plat de coriandre fraîche ciselée et d'échalotes frites.

4 À 6 PERSONNES - PRÉPARATION 20 MINUTES - CUISSON 25 MINUTES

# CURRY VERT DE POISSON
## et crevettes

### INGRÉDIENTS

250 g de filet de poisson blanc
6 à 8 grosses crevettes crues (décortiquées ou non)
4 à 5 petites aubergines thaïes
200 g d'épinards frais
2 bâtons de citronnelle émincés (la partie blanche, plus tendre)
3 feuilles de kéfir (ou de lime)
35 cl de lait de coco
3 c. à s. de pulpe de tamarin
Huile végétale, fleur de sel
Échalotes frites, pour servir
Quartiers de citron vert, pour servir
Riz à la vapeur ou basmati, pour servir

### PÂTE D'ÉPICES

5 noix de kérimi (ou noix de macadamia)
1 c. à c. de graines de coriandre
½ c. à c. de poivre noir en grains
3 échalotes
2 gousses d'ail
2 bâtons de citronnelle
2 piments longs
1 petit piment rouge ou vert
2 c. à s. de galanga
2 c. à s. de gingembre (ou un morceau de 4 cm de long)
1 c. à s. de poudre de curcuma
1 c. à s. de sauce tomate
1 c. à s. de sucre de palme gratté
1 c. à c. de pâte de crevettes

1. Éplucher et émincer l'ail et les échalotes. Égrainer et émincer tous les piments. Émincer la citronnelle (la partie blanche). Râper ou émincer les racines.

2. Dans un mortier ou un mixeur, mettre tous les ingrédients de la pâte d'épices et écraser ou mixer jusqu'à l'obtention d'une pâte homogène.

3. Couper les aubergines en deux ou en quatre selon leur taille. Laver et bien égoutter les épinards.

4. Dans un wok ou une sauteuse, verser l'huile végétale. Lorsqu'elle est chaude, mais non fumante, faire revenir la pâte d'épices pendant 1 minute en remuant constamment. Ajouter les feuilles de kéfir et la citronnelle puis les aubergines et les épinards.

5. Laisser les aubergines fondre quelques minutes avant d'ajouter le poisson et faire attention à ne pas trop l'émietter en mélangeant. Ajouter les crevettes, remuer et laisser cuire 30 secondes. Baisser le feu et ajouter le lait de coco et le tamarin en le délayant bien, puis saler. Laisser mijoter 5 minutes.

6. Préparer du riz à la vapeur ou du riz parfumé basmati pour accompagner le curry. Servir avec des quartiers de citron vert et saupoudrer d'échalotes frites.

4 PERSONNES - PRÉPARATION 15 MINUTES - CUISSON 15 MINUTES - REPOS 1 HEURE

# BROCHETTES DE POULET
## au satay

### INGRÉDIENTS

400 g de filet de poulet
2 c. à s. d'huile de pépins de raisin
20 mini pics à brochette en bois

### MARINADE

5 c. à s. de kecap asin (sauce soja salée)
3 c. à s. de kecap manis (sauce soja sucrée)
5 c. à s. de sauce nuoc-mâm
1 c. à s. de sucre de palme ou roux
le jus de 1 citron vert
1 piment long

### SAUCE SATAY

150 g de cacahuètes grillées non salées, décortiquées
4 gousses d'ail
2 petits piments rouges
8 cl d'huile d'arachide
1 petite tomate
1 c. à s. de kecap manis (sauce soja sucrée)
1 verre d'eau chaude
2 feuilles de kéfir (ou lime)
1 c. à s. de sucre de palme ou roux
2 c. à s. de jus de citron vert
3 pincées de sel de mer (fleur de sel)

1. Réaliser la sauce satay comme indiqué page 10.

2. Faire tremper les pics à brochette en bois dans un bain d'eau froide pendant 30 minutes.

3. Mélanger le jus de citron vert avec la sauce nuoc-mâm, le sucre et le piment écrasé. Ajouter les sauces kecap manis et asin. Couper le poulet en petits dés ou en fines lanières. Le laisser mariner dans la préparation 1 heure au frais, puis piquer les morceaux de poulet par 3 sur chaque pic en bois.

4. Faire griller les brochettes au gril, au barbecue ou à la poêle avec un peu d'huile pendant 10 minutes. Napper les brochettes de sauce satay au moment se servir.

4 PERSONNES - PRÉPARATION 15 MINUTES - REPOS 30 MINUTES - CUISSON 15 MINUTES

# SATAY DE GAMBAS
## au bœuf

### INGRÉDIENTS

12 grosses gambas crues
12 tranches de carpaccio de bœuf
20 mini pics à brochette en bois

### MARINADE

2 c. à s. de kecap asin (sauce soja salée)
1 c. à s. de kecap manis (sauce soja sucrée)
2 c. à s. de sauce nuoc-mâm
1 c. à s. de sucre de palme ou roux

### SAUCE SATAY

150 g de cacahuètes grillées non salées, décortiquées
4 gousses d'ail
2 petits piments rouges
8 cl d'huile d'arachide
1 petite tomate
1 c. à s. de kecap manis (sauce soja sucrée)
1 verre d'eau chaude
2 feuilles de kéfir (ou lime)
1 c. à s. de sucre de palme ou roux
2 c. à s. de jus de citron vert
3 pincées de sel de mer (fleur de sel)

1. Réaliser la sauce satay comme indiqué page 10.

2. Faire tremper les pics à brochette en bois dans un bain d'eau froide pendant 30 minutes.

3. Décortiquer les gambas jusqu'à la dernière partie avant la queue. Enrouler une tranche de carpaccio de bœuf autour de la crevette et la piquer sur une brochette en bois mouillé.

4. Mélanger tousles ingrédients de la marinade dans un bol et en arroser les brochettes. Laisser mariner 30 minutes au frais.

5. Faire griller les brochettes à sec sur un gril, une plancha ou au four en position gril (ou au barbecue). Servir avec la sauce satay.

4 PERSONNES - PRÉPARATION 15 MIN - REPOS 30 MINUTES - CUISSON 5 À 8 MINUTES

# SATAY DE TOFU
## en brochettes

### INGRÉDIENTS

300 g de tofu ferme (nature ou fumé)
2 c. à s. d'huile de pépins de raisin ou végétale
10 à 12 mini pics à brochette en bois

### MARINADE

5 c. à s. de kecap asin (sauce soja salée)
3 c. à s. de kecap manis (sauce soja sucrée)
2 c. à s. de sauce nuoc-mâm
1 c. à s. de sucre de palme ou roux
1 petit piment rouge

### SAUCE SATAY

150 g de cacahuètes grillées non salées, décortiquées
4 gousses d'ail
2 petits piments rouges
1 piment long
8 cl d'huile d'arachide
1 petite tomate
1 c. à s. de kecap manis (sauce soja sucrée)
1 verre d'eau chaude
2 feuilles de kéfir (ou lime)
1 c. à s. de sucre de palme ou roux
2 c. à s. de jus de citron vert
3 pincées de sel de mer (fleur de sel)

1. Préparer la sauce satay comme indiqué page 10.
2. Dans un saladier, mélanger les sauces kecap asin et manis, le sucre, le nuoc-mâm, 10 cl d'eau et le piment égrainé et émincé.
3. Couper le tofu en gros dés de 2 à 3 cm de côté. Les plonger dans la marinade et laisser mariner 30 minutes au frais.
4. Piquer trois dés de tofu sur chaque pic. Faire griller les brochettes de tofu au gril électrique, au barbecue ou à la plancha avec l'huile de pépins de raisin.
5. Servir accompagné de sauce satay.

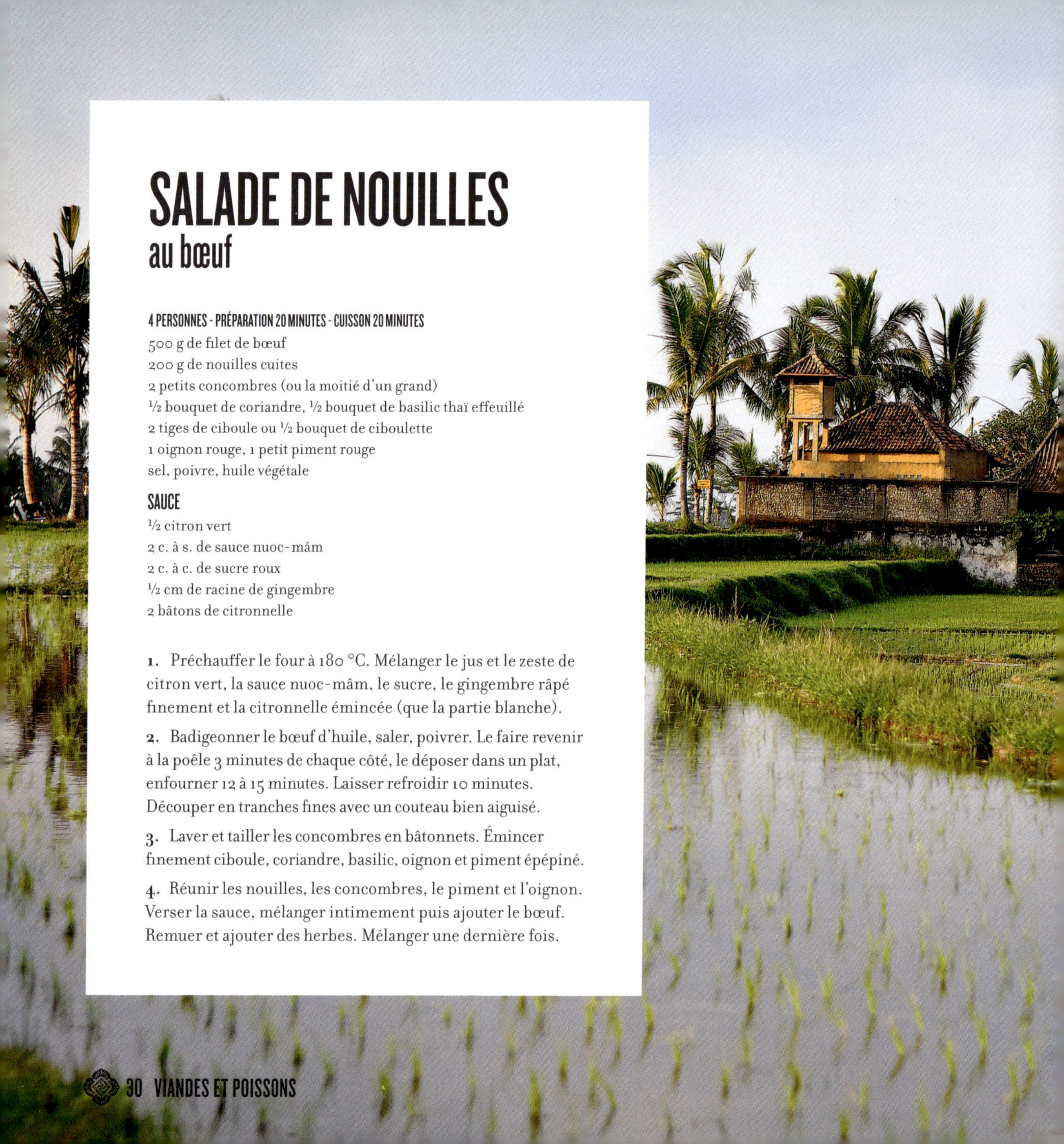

# SALADE DE NOUILLES
## au bœuf

**4 PERSONNES - PRÉPARATION 20 MINUTES - CUISSON 20 MINUTES**

500 g de filet de bœuf
200 g de nouilles cuites
2 petits concombres (ou la moitié d'un grand)
½ bouquet de coriandre, ½ bouquet de basilic thaï effeuillé
2 tiges de ciboule ou ½ bouquet de ciboulette
1 oignon rouge, 1 petit piment rouge
sel, poivre, huile végétale

**SAUCE**

½ citron vert
2 c. à s. de sauce nuoc-mâm
2 c. à c. de sucre roux
½ cm de racine de gingembre
2 bâtons de citronnelle

**1.** Préchauffer le four à 180 °C. Mélanger le jus et le zeste de citron vert, la sauce nuoc-mâm, le sucre, le gingembre râpé finement et la citronnelle émincée (que la partie blanche).

**2.** Badigeonner le bœuf d'huile, saler, poivrer. Le faire revenir à la poêle 3 minutes de chaque côté, le déposer dans un plat, enfourner 12 à 15 minutes. Laisser refroidir 10 minutes. Découper en tranches fines avec un couteau bien aiguisé.

**3.** Laver et tailler les concombres en bâtonnets. Émincer finement ciboule, coriandre, basilic, oignon et piment épépiné.

**4.** Réunir les nouilles, les concombres, le piment et l'oignon. Verser la sauce, mélanger intimement puis ajouter le bœuf. Remuer et ajouter des herbes. Mélanger une dernière fois.

# PORC GRILLÉ
## au riz rouge

**4 À 6 PERSONNES - PRÉPARATION 20 MINUTES - REPOS 1 NUIT - CUISSON 2 H15**

1 kg de poitrine de porc (coupée en 2 si le morceau est gros)
Riz rouge, pour servir

### LA PÂTE D'ÉPICES

2 c. à s. de graines de coriandre + 1 c. à s. de poivre noir en grains
3 c. à s. de graines de sésame blond, 1 petit piment rouge
8 noix de kérimi (ou de macadamia)
1 c. à c. de noix muscade en poudre ou fraîchement moulue
3 c. à c. de sucre de palme ou de sucre roux
2 c. à c. de fleur de sel

1. Percer la peau épaisse sur le dessus de la poitrine de porc avec une fourchette pour faire plein de petits trous.

2. Faire bouillir 1 litre d'eau, poser le porc sur une assiette dans l'évier et verser l'eau bouillante : la peau va se rétrécir un peu. Ne pas laisser la viande dans l'eau.

3. Épépiner et émincer le piment. Faire rôtir 2 minutes dans un wok le poivre, la coriandre et le sésame. Les mettre dans un mortier ou un mixeur et les réduire en pâte avec le reste des ingrédients. En recouvrir la viande de tous les côtés. Laisser mariner une nuit au frais, filmé.

4. Préchauffer le four à 200 °C. Verser 1 litre d'eau dans la lèchefrite. Placer le porc dans un plat à gratin et enfourner pour 15 minutes sur une grille, puis baisser à 180 °C et laisser cuire avec la vapeur d'eau 1 heure 30 à 2 heures. Servir avec du riz rouge, des légumes rôtis, ou du choy sum au soja.

4 PERSONNES - PRÉPARATION 20 MINUTES - CUISSON 45 MINUTES À 1 HEURE

# PORC BRAISÉ AU KECAP MANIS

### INGRÉDIENTS

500 g de filet mignon de porc
2 c. à s. d'huile de pépins de raisin
4 gousses d'ail
1 c. à s. de gingembre émincé ou en poudre
4 échalotes
2 tomates
3 piments longs
2 petits piments rouges
2 bâtons de citronnelle
3 c. à s. de kecap manis (sauce soja sucrée)
½ c. à c. de pâte de crevettes
2 c. à c. de sucre de palme ou roux
70 cl de bouillon de volaille
Fleur de sel
1 c. à s. d'échalotes frites, 1 poignée de germes de soja, riz basmati et brins de coriandre, pour servir

1. Tailler le filet mignon de porc en fines lamelles. Faire chauffer le wok ou la sauteuse, verser 1 cuillerée à soupe d'huile de pépins de raisin et faire revenir les lamelles de porc 3 minutes, en mélangeant bien.

2. Éplucher les gousses d'ail et les écraser au couteau. Éplucher et émincer les échalotes et le gingembre. Épépiner et émincer les piments. Couper les tomates en dés. Émincer la citronnelle (la partie blanche).

3. Dans le wok, faire 1 cuillerée à soupe d'huile, ajouter l'ail, les échalotes, le gingembre, les tomates, les piments, les poivrons et la citronnelle. Mélanger et laisser rissoler 2 minutes, ajouter la sauce kecap manis, la pâte de crevettes, le sucre et le sel.

4. Remuer bien, laisser rissoler 1 minute puis verser le bouillon de volaille. Mélanger et laisser réduire à feu doux 45 minutes à 1 heure. Servir saupoudré d'échalotes frites avec du riz basmati, des germes de soja et de la coriandre fraîche.

# KEFTAS DE PORC
## à la citronnelle

**4 À 6 PERSONNES - PRÉPARATION 40 MINUTES – CUISSON 15 À 20 MINUTES**

500 g de filet de porc ou d'échine coupé en petits morceaux, 500 g de bâtons de citronnelle (pour les brochettes), 2 tiges de ciboule et 1 concombre (pour servir)

**PÂTE D'ÉPICES**

5 noix de kérimi, de macadamia ou de cajou, 1 c. à s. de graines de coriandre, 1 c. à s. de poivre noir en grains, 5 échalotes, 4 gousses d'ail, 4 piments longs, 2 piments rouges, 2 bâtons de citronnelle, 4 cm de gingembre, 4 cm de galanga, 1 c. à s. de poudre de curcuma, ½ c. à c. de pâte de crevettes, 1 ou 2 gousses de cardamone, 3 feuilles de kéfir, 2 c. à s. de tamarin, 1 c. à s. de sauce Worcestershire

**1.** Éplucher et émincer l'ail et les échalotes. Égrainer et émincer les piments. Émincer la citronnelle. Éplucher et émincer les racines le cas échéant. Diluer le tamarin (voir page 7). Mixer les ingrédients de la pâte d'épices. Si nécessaire, ajouter 1 cuillerée à soupe d'eau pour obtenir une pâte homogène.

**2.** Mixer le porc émincé, ajouter la pâte d'épices et continuer de mixer jusqu'à l'obtention d'une préparation homogène. Façonner des boulettes de 20 à 30 g puis les coller autour des bâtons de citronnelle.

**3.** Faire griller doucement les keftas de porc sur une plancha ou un gril électrique, à sec ou avec une goutte d'huile de pépins de raisin. Les keftas doivent être grillés et bien cuits (cela peut prendre 15 à 20 minutes). Parsemer de ciboule ciselée puis servir avec du riz et du concombre en rondelles.

4 À 6 PERSONNES - PRÉPARATION 20 MINUTES - REPOS 3 HEURES - CUISSON 45 MINUTES À 1 HEURE

# POULET AU TAMARIN
## en cocotte

### INGRÉDIENTS

1 poulet de 1 kg
3 échalotes
2 bâtons de citronnelle
25 cl de lait de coco
25 cl de bouillon de volaille
1 bouquet de coriandre fraîche
huile végétale

### MARINADE

1 morceau de pâte de tamarin (20 à 30 g)
1 c. à s. de 5 épices
2 c. à s. de kecap asin (sauce soja salée)
2 c. à s. de sucre de palme ou roux
1 c. à s. d'huile de pépins de raisin
1 c. à s. d'huile de sésame

1. Mélanger tous les ingrédients de la marinade et bien émulsionner. Poser le poulet dans un plat et l'arroser. Laisser reposer 3 heures au frais.

2. Éplucher et émincer les échalotes. Dans une grande cocotte, les faire revenir dans un filet d'huile végétale. Ajouter les bâtons de citronnelle coupés en deux dans le sens de la longueur.

3. Déposer le poulet dans la cocotte, le laisser dorer de tous les côtés, puis verser le jus de la marinade et le bouillon. Laisser mijoter jusqu'à ébullition puis verser le lait de coco, mélanger, couvrir et laisser cuire 45 minutes. Servir avec de la coriandre fraîche.

BINTANG

# PAPILLOTES DE POULET
## en feuilles de bananier

**6 PERSONNES - PRÉPARATION 25 MINUTES – CUISSON 5 MINUTES + 15 MINUTES VAPEUR**

400 g de filet de poulet coupé en très fines lamelles
2 c. à s. d'huile de pépins de raisin
2 c. à c. de fleur de sel
1 branche de basilic thaï
2 grandes feuilles de bananier

**PÂTE D'ÉPICES**

1 feuille de kéfir (ou lime), 2 piments longs (vert ou rouge)
2 échalotes, 2 gousses d'ail
3 noix de kérimi (ou de macadamia ou de cajou)
2 c. à c. de graines de coriandre
½ cm de racine de galanga
½ c. à c. de pâte de crevettes

1. Émincer très finement la feuille de kéfir. Éplucher et émincer les échalotes, l'ail et le galanga. Émincer les piments. Écraser dans un mortier ou mixer tous les ingrédients de la pâte pour obtenir une préparation homogène.

2. Verser l'huile dans un wok, faire revenir la pâte d'épices, puis ajouter le poulet. Faire revenir le tout quelques minutes, ajouter les feuilles de basilic thaï émincées, saler, mélanger.

3. Laisser un peu refroidir avant de mixer le tout. Découper les feuilles de bananier en 6 rectangles de 14 x 20 cm.

4. Déposer un peu de farce de poulet sur chaque rectangle et replier les bords en triangle, comme pour un samoussa. Si besoin, maintenir les papillotes avec des cure-dents. Les déposer dans un panier vapeur en bambou (ou dans le panier vapeur d'un cuiseur vapeur). Faire cuire 15 minutes.

SWEET

4 PERSONNES - PRÉPARATION 25 MIN - CUISSON 20 À 25 MINUTES

# SOUPE DE POULET
## aux nouilles

### INGRÉDIENTS

2 grosses cuisses de poulet
ou 3 filets de poulet
2 c. à s. d'huile de pépins de raisin
10 cl de lait de coco
2 feuilles de kéfir (ou lime)
2 citrons verts
2 bâtons de citronnelle
30 g de nouilles de riz (vermicelles transparents larges et plats)
50 g de germes de soja, pour servir
Fleur de sel

### PÂTE D'ÉPICES

5 noix de kérimi
2 échalotes
1 gousse d'ail
1 petit piment rouge
1 bâton de citronnelle
1 c. à c. de curcuma en poudre
4 cm de racine de gingembre

1. Éplucher et émincer les échalotes, l'ail et, éventuellement, le gingembre. Épépiner et émincer le piment. Écraser les ingrédients de la pâte d'épices au mortier ou au mixeur jusqu'à ce que le tout soit homogène.

2. Dans une casserole, faire revenir les cuisses de poulet dans un filet d'huile de pépins de raisin et ajouter de l'eau pour les recouvrir. Verser la pâte d'épices dans la casserole, ajouter un bâton de citronnelle. Saler, couvrir et laisser cuire 20 minutes à feu doux.

3. Dans une autre casserole, faire chauffer de l'eau avec du gros sel. Y plonger les nouilles 2 minutes puis les égoutter.

4. Lorsque le poulet est cuit, retirer les cuisses de la casserole avec une écumoire, les déposer sur une planche à découper, retirer la peau et détailler la chair en petits morceaux de la taille d'une bouchée.

5. Replacer les petits morceaux de poulet dans la casserole et ajouter les feuilles de kéfir, le lait de coco, le jus des citrons verts, le dernier bâton de citronnelle, coupé en deux dans la longueur, et les nouilles, bien mélanger. Laisser mijoter à découvert 5 minutes de plus. Servir sans attendre avec des germes de soja cru disposés par-dessus.

KECAP
ASIN
ABC
BANGO
KECAP MANIS

4 À 6 PERSONNES - PRÉPARATION 20 MINUTES - REPOS 2 HEURES - CUISSON 3 À 4 HEURES À 120 °C (OU 1 H 30 DE CUISSON À 180 °C)

# CANARD RÔTI AUX ÉPICES

### INGRÉDIENTS

1 canard de 1,5 kg environ
(ou des cuisses et des magrets)
30 cl d'eau ou de bouillon de volaille

### MARINADE

2 c. à s. d'huile de coco ou d'arachide
2 c. à s. de pulpe de tamarin dilué
(voir page 7)
2 c. à s. de sauce kecap asin
(sauce soja salée)
2 c. à c. de pâte de crevettes
fleur de sel

### PÂTE D'ÉPICES

6 noix de kérimi (ou de macadamia)
5 échalotes
4 gousses d'ail
4 piments longs
2 petits piments rouges ou verts
4 cm de racine de gingembre
4 cm de racine de galanga
1 c. à c. de curcuma en poudre
2 c. à s. de sucre roux
2 c. à s. d'huile de coco ou d'arachide

1. Placer le canard dans un grand saladier, le recouvrir avec l'huile de coco, le sel, la pâte de crevettes, le tamarin puis la sauce kecap asin. Masser le canard avec cette préparation. Le laisser mariner 1 à 2 heures au frais.

2. Pendant ce temps, éplucher et émincer les échalotes, l'ail, le gingembre et le galanga. Épépiner et les piments. Écraser les ingrédients de la pâte d'épices dans un mortier ou au mixeur jusqu'à ce que le tout soit homogène. Ajouter l'huile de coco à la fin du mixage.

3. Préchauffer le four à 120 °C. Recouvrir le canard de cette pâte d'épices et en mettre aussi dans le canard. Placer le canard dans une cocotte en fonte (allant au four), verser 30 cl d'eau ou de bouillon de volaille et laisser cuire à couvert 3 à 4 heures.

4. Ou déposer le canard directement dans un grand plat à four, verser les 30 cl de bouillon ou d'eau et enfourner pour 1 heure 30 minutes à 180-210 °C.

5. Servir le canard découpé en morceaux avec son jus et des haricots verts à la sauce à la noix de coco.

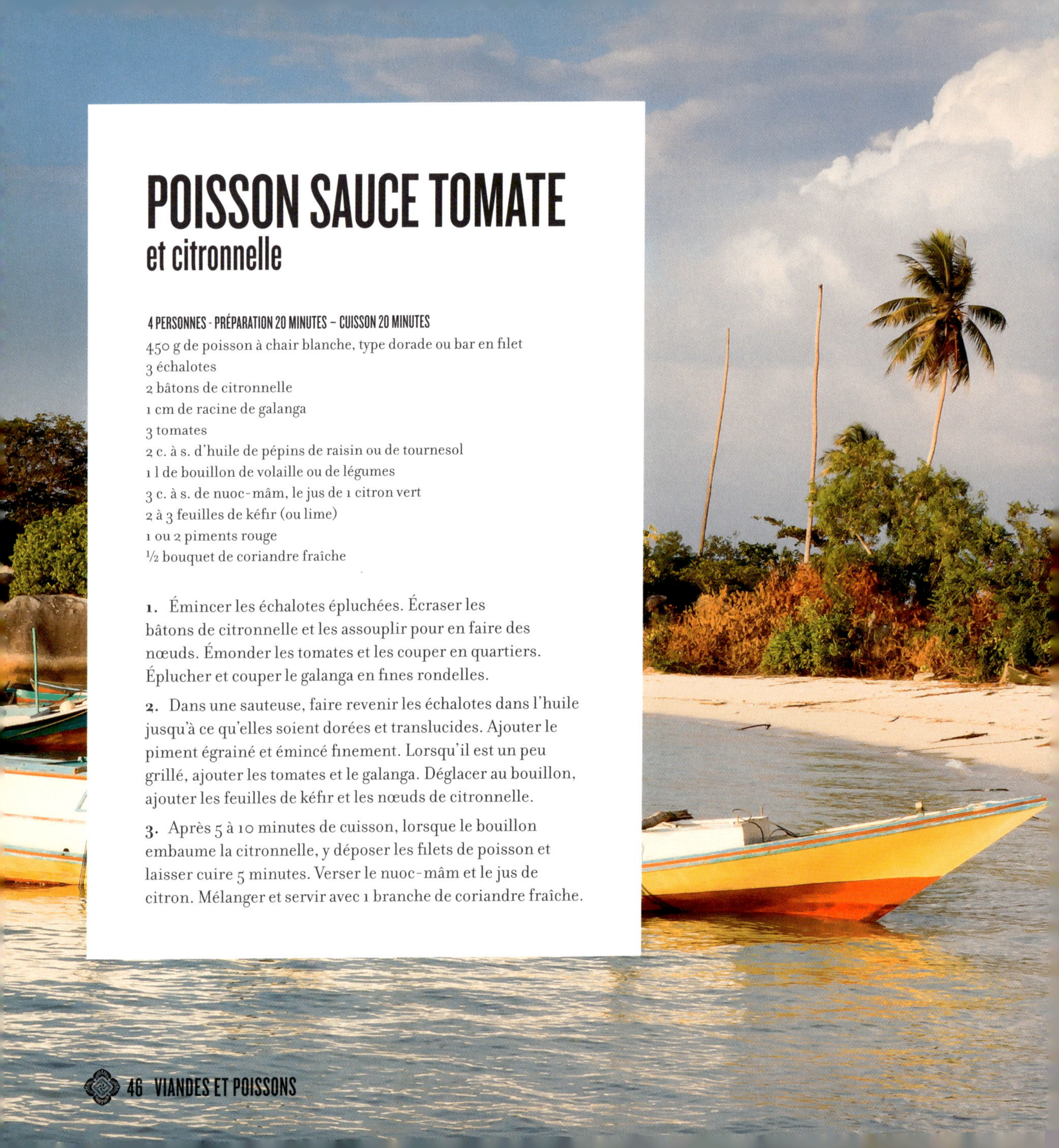

# POISSON SAUCE TOMATE
## et citronnelle

**4 PERSONNES - PRÉPARATION 20 MINUTES – CUISSON 20 MINUTES**

450 g de poisson à chair blanche, type dorade ou bar en filet
3 échalotes
2 bâtons de citronnelle
1 cm de racine de galanga
3 tomates
2 c. à s. d'huile de pépins de raisin ou de tournesol
1 l de bouillon de volaille ou de légumes
3 c. à s. de nuoc-mâm, le jus de 1 citron vert
2 à 3 feuilles de kéfir (ou lime)
1 ou 2 piments rouge
½ bouquet de coriandre fraîche

**1.** Émincer les échalotes épluchées. Écraser les bâtons de citronnelle et les assouplir pour en faire des nœuds. Émonder les tomates et les couper en quartiers. Éplucher et couper le galanga en fines rondelles.

**2.** Dans une sauteuse, faire revenir les échalotes dans l'huile jusqu'à ce qu'elles soient dorées et translucides. Ajouter le piment égrainé et émincé finement. Lorsqu'il est un peu grillé, ajouter les tomates et le galanga. Déglacer au bouillon, ajouter les feuilles de kéfir et les nœuds de citronnelle.

**3.** Après 5 à 10 minutes de cuisson, lorsque le bouillon embaume la citronnelle, y déposer les filets de poisson et laisser cuire 5 minutes. Verser le nuoc-mâm et le jus de citron. Mélanger et servir avec 1 branche de coriandre fraîche.

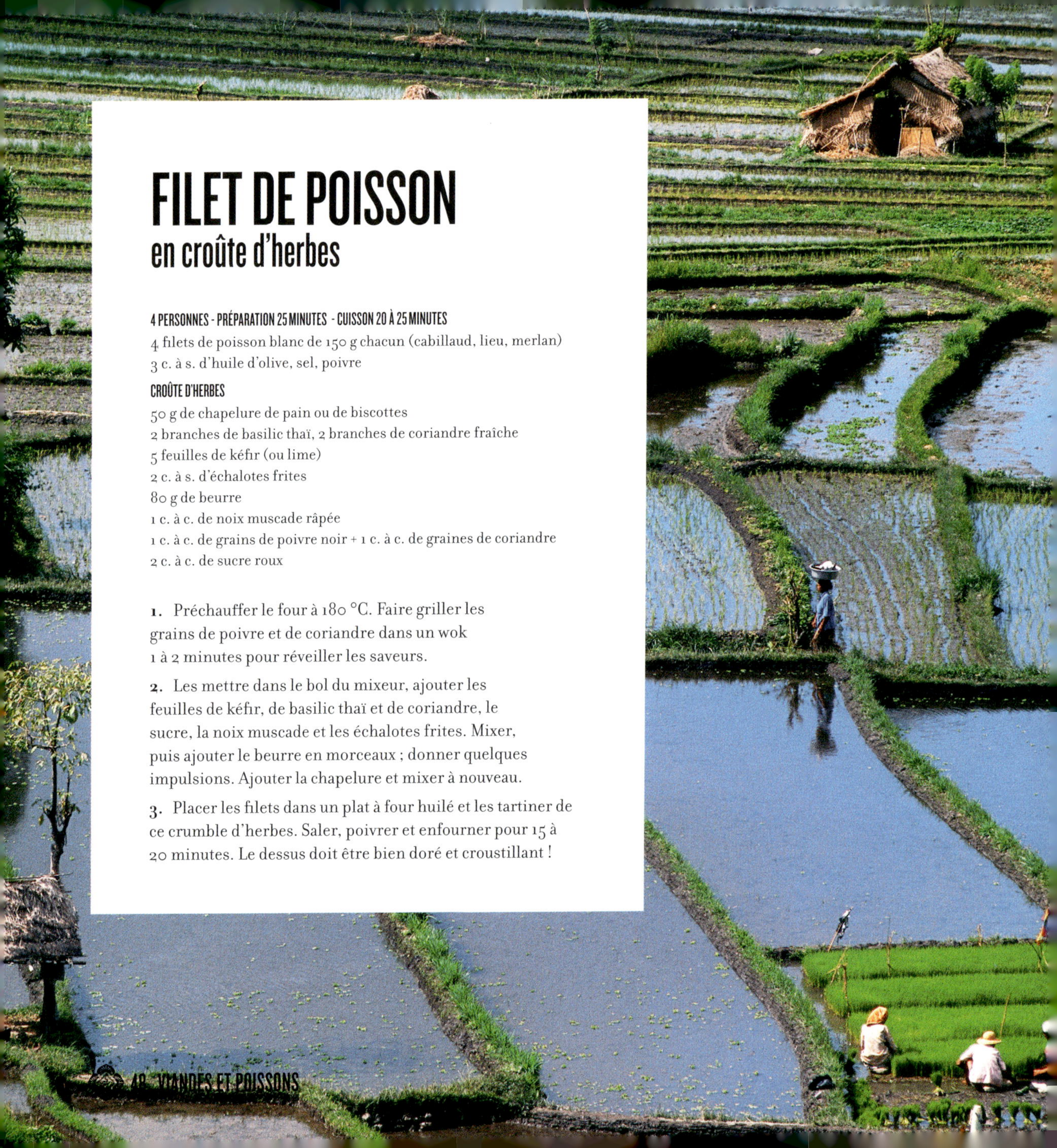

# FILET DE POISSON
## en croûte d'herbes

**4 PERSONNES - PRÉPARATION 25 MINUTES - CUISSON 20 À 25 MINUTES**

4 filets de poisson blanc de 150 g chacun (cabillaud, lieu, merlan)
3 c. à s. d'huile d'olive, sel, poivre

**CROÛTE D'HERBES**

50 g de chapelure de pain ou de biscottes
2 branches de basilic thaï, 2 branches de coriandre fraîche
5 feuilles de kéfir (ou lime)
2 c. à s. d'échalotes frites
80 g de beurre
1 c. à c. de noix muscade râpée
1 c. à c. de grains de poivre noir + 1 c. à c. de graines de coriandre
2 c. à c. de sucre roux

**1.** Préchauffer le four à 180 °C. Faire griller les grains de poivre et de coriandre dans un wok 1 à 2 minutes pour réveiller les saveurs.

**2.** Les mettre dans le bol du mixeur, ajouter les feuilles de kéfir, de basilic thaï et de coriandre, le sucre, la noix muscade et les échalotes frites. Mixer, puis ajouter le beurre en morceaux ; donner quelques impulsions. Ajouter la chapelure et mixer à nouveau.

**3.** Placer les filets dans un plat à four huilé et les tartiner de ce crumble d'herbes. Saler, poivrer et enfourner pour 15 à 20 minutes. Le dessus doit être bien doré et croustillant !

POUR 2 GRANDES ASSIETTES VÉGÉTARIENNES - PRÉPARATION 40 MINUTES - CUISSON 30 MINUTES

# ASSIETTE VÉGÉTARIENNE BALINAISE
## et papillote de poisson

### LÉGUMES

200 g de riz rouge
½ chou-fleur
1 courgette jaune
200 g de pois gourmands
2 patates douces
2 aubergines thaï
15 cl de lait de coco
1 petit piment
2 gousses d'ail
2 c. à s. d'huile d'olive
1 brin de basilic thaï
1 cm de racine de gingembre
1 c. à c. de curry
1 c. à s. de noix de coco râpée
15 cl de lait de coco
1 poignée de tomates cerises

### PAPILLOTE EN FEUILLE DE BANANIER

200 g de pavé de saumon
1 tomate
1 échalote
1 citron vert
1 morceau de gingembre de 1 cm
½ petit piment rouge
1 bâton de citronnelle
5 brins de coriandre
1 c. à s. de pâte de tamarin
1 c. à s. de sauce d'huître
½ feuille de bananier
1 c. à s. de sucre
½ c. à c. de sel

### LES LÉGUMES

1. Hacher l'ail finement. Épépiner et émincer le piment. Laver et éplucher tous les légumes (le chou-fleur aussi). Couper les patates douces et les aubergines en gros cubes, le chou-fleur en bouquets, les courgettes en rondelles.

2. Faire cuire le riz rouge dans de l'eau bouillante salée le temps indiqué sur le paquet.

3. Faire chauffer l'huile d'olive dans un wok, ajouter la purée ail-piment et le gingembre râpé, puis les patates douces. Laisser cuire 10 minutes. Verser le lait de coco et le curry, ajouter les aubergines, couvrir et laisser cuire 10 minutes de plus.

4. Porter une casserole d'eau salée à ébullition et y faire cuire les chou-fleur 5 minutes, puis ajouter les pois gourmands et faire cuire 3 minutes de plus. Ajouter enfin les courgettes et prolonger encore la cuisson de 3 minutes. Égoutter le tout. Faire sauter ces légumes 3-5 minutes dans une cuillère d'huile d'olive. Saler, poivrer, ajouter le basilic thaï et la coco râpée. Réserver.

### LA PAPILLOTE

1. Couper en dés le saumon, la tomate, l'échalote et le gingembre et tailler finement le piment épépiné. Éplucher et émincer la partie blanche de la citronnelle.

2. Ajouter le tout au poisson avec le jus et le zeste de citron vert, le sel, le sucre, le tamarin réhydraté, la sauce d'huître, les herbes fraîches ciselées. Faire une pâte et bien malaxer. Filmer et laisser reposer au frais 30 minutes.

3. Découper des rectangles de 20 x 10 cm dans la feuille de bananier. Mettre le côté intérieur de la feuille vers soi, déposer 2 cuillères à soupe de pâte au poisson, puis refermer la papillote en portefeuille en tassant la farce vers le centre. Maintenir avec deux cure-dents puis couper les bouts aux ciseaux (on peut aussi agrafer les feuilles).

4. Les faire cuire à la vapeur 5 minutes, puis les faire griller 2 minutes de chaque côté dans une grande poêle sans matière grasse chauffée sur feu vif.

### L'ASSIETTE

1. Mouler le riz dans un bol et le retourner sur l'assiette.

2. Disposer à côté un peu de légumes au lait de coco, un peu de légumes sautés et une papillote.Servir avec un filet de jus de citron vert et quelques tomates cerises.

4 PERSONNES - PRÉPARATION 25 MINUTES - CUISSON 10 MINUTES

# GADO-GADO
## légumes croquants sauce cacahuète

### INGRÉDIENTS

1 concombre
2 tomates
2 œufs
150 g de tofu ferme
50 g d'asperges vertes
50 g de haricots verts
50 g de haricots mange-tout
1 boîte de mini-maïs
½ bouquet de coriandre fraîche
50 g de germes de soja, pour servir
quelques chips de crevettes, pour servir
10 cl d'huile de friture

### SAUCE SATAY

150 g de cacahuètes grillées non salées, décortiquées
4 gousses d'ail
2 petits piments rouges
1 piment long
8 cl d'huile d'arachide
1 petite tomate
1 c. à s. de kecap manis (sauce soja sucrée)
1 verre d'eau chaude
2 feuilles de kéfir (ou lime)
1 c. à s. de sucre de palme ou roux
2 c. à s. de jus de citron vert
3 pincées de sel de mer (fleur de sel)

1. Préparer la sauce satay comme indiqué page 10.

2. Laver et couper les légumes en petits tronçons (asperges vertes, haricots verts, mange-tout). Couper les tomates en quartiers. Peler et couper le concombre en tronçons de 2 à 3 cm, en biais.

3. Faire cuire les œufs 10 à 12 minutes dans une casserole d'eau bouillante salée, puis les laisser refroidir dans de l'eau froide. Les écaler et les couper en deux.

4. Faire cuire les légumes verts et les mini maïs quelques minutes dans une grande casserole d'eau bouillante salée. Les égoutter et les laisser refroidir.

5. Faire frire le tofu coupé en cubes dans l'huile de friture quelques minutes jusqu'à ce qu'il soit bien doré. L'égoutter sur du papier absorbant. Préparer des petites assiettes avec un peu de chaque ingrédient et servir avec les germes de soja et quelques chips de crevette, accompagné de sauce satay.

# URAD
## haricots verts, épices et coco

**4 À 6 PERSONNES - PRÉPARATION 25 MINUTES - CUISSON 10 MINUTES**

500 g de haricots verts
150 g de noix de coco râpée ou 1 noix de coco fraîche
2 feuilles de kéfir (ou lime)
1 bâton de citronnelle
2 c. à s. de crème de coco
2 c. à c. de sambal vert (voir page 8)
3 c. à s. d'huile de pépins de raisin
fleur de sel
3 c. à s. d'échalotes frites, pour servir
un peu de riz basmati ou de riz gluant, pour servir

**1.** Dans une casserole, mettre à bouillir une grande quantité d'eau salée et faire cuire les haricots verts 5 à 8 minutes. Les égoutter, les couper en petits morceaux lorsqu'ils ont refroidi.

**2.** Dans une sauteuse, verser l'huile de pépins de raisin, faire frire le sambal vert, ajouter la citronnelle émincée, les feuilles de kéfir et les haricots verts. Mélanger. Laisser sauter à feu moyen/fort 5 à 8 minutes. Ajouter la crème de coco et mélanger avec une cuillère en bois.

**3.** Faire revenir la noix de coco râpée à sec dans une poêle. La laisser colorer doucement, saler légèrement.

**4.** Verser la noix de coco sur les haricots, remuer et servir avec des échalotes frites. Accompagner de riz.

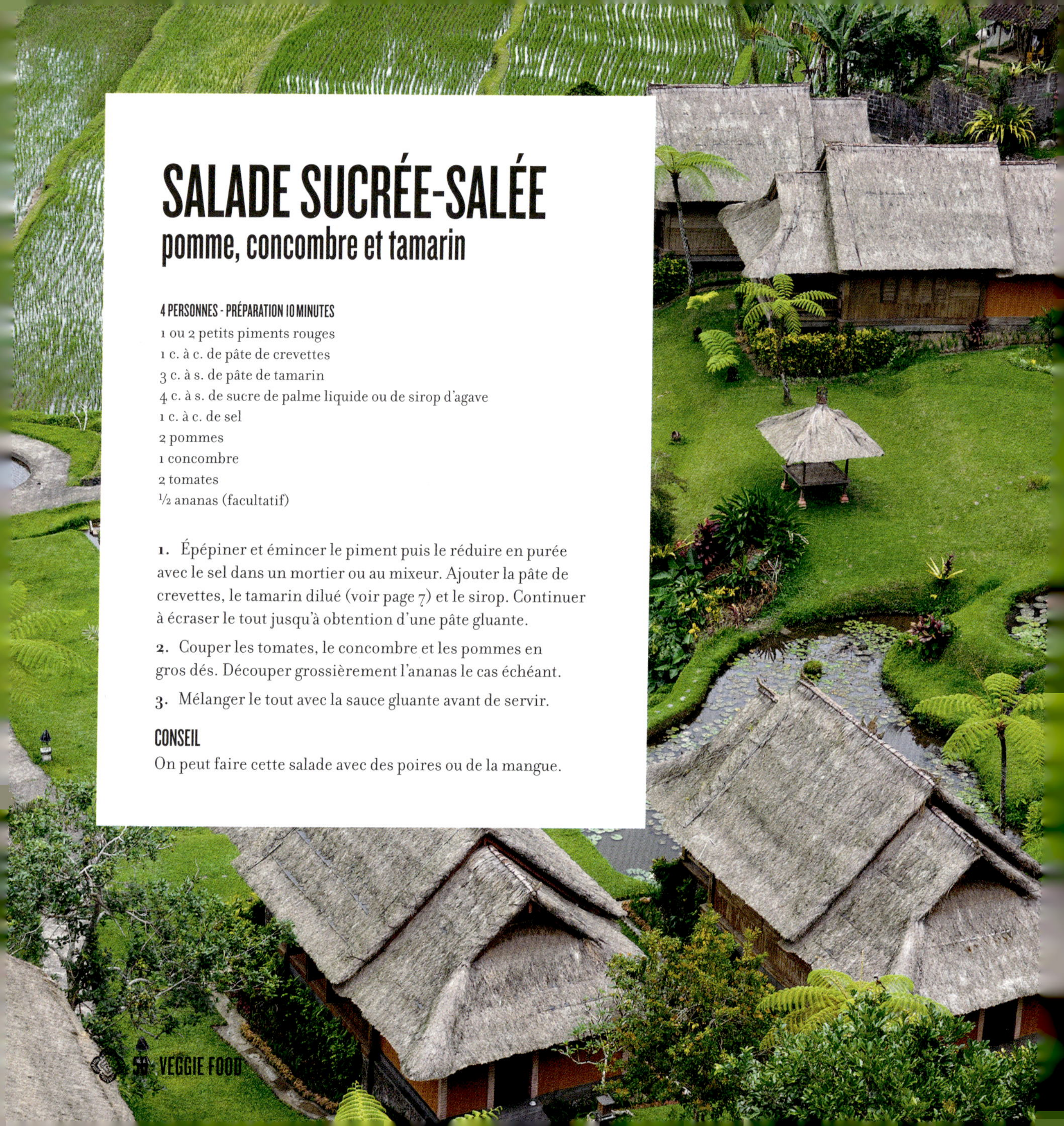

# SALADE SUCRÉE-SALÉE
## pomme, concombre et tamarin

**4 PERSONNES - PRÉPARATION 10 MINUTES**

1 ou 2 petits piments rouges
1 c. à c. de pâte de crevettes
3 c. à s. de pâte de tamarin
4 c. à s. de sucre de palme liquide ou de sirop d'agave
1 c. à c. de sel
2 pommes
1 concombre
2 tomates
½ ananas (facultatif)

1. Épépiner et émincer le piment puis le réduire en purée avec le sel dans un mortier ou au mixeur. Ajouter la pâte de crevettes, le tamarin dilué (voir page 7) et le sirop. Continuer à écraser le tout jusqu'à obtention d'une pâte gluante.

2. Couper les tomates, le concombre et les pommes en gros dés. Découper grossièrement l'ananas le cas échéant.

3. Mélanger le tout avec la sauce gluante avant de servir.

### CONSEIL

On peut faire cette salade avec des poires ou de la mangue.

# HORS-D'ŒUVRE BALINAIS

## LISERONS D'EAU ET SAMBAL TOMATE

**4 PERSONNES - PRÉPARATION 5 MINUTES - CUISSON 10 MINUTES**

400 g de liserons d'eau lavés et essorés, 2 c. à c. de sambal tomate (voir page 8), 2 c. à s. d'huile de pépins de raisin, 1 filet d'huile de sésame, sel, poivre

1. Faire chauffer l'huile dans un wok ou une sauteuse, ajouter le sambal tomate et laisser revenir quelques minutes, mais attention à ne pas le faire trop chauffer.

2. Ajouter les liserons d'eau bien égouttés puis un petit verre d'eau. Les laisser fondre. Couvrir et cuire 4 minutes. Saler et poivrer, verser un filet d'huile de sésame. Laisser refroidir avant de déguster en salade (on peut les couper au couteau).

## HARICOTS-CITRONNELLE

**4 PERSONNES - PRÉPARATION 10 MINUTES - REPOS 8 À 10 MINUTES - CUISSON 20 MINUTES**

300 g de haricots verts, 150 g de haricots plats, 1 bâton de citronnelle, 10 cl de lait de coco, 1 c. à s. d'échalotes frites (pour servir), sel, poivre

1. Émincer finement la citronnelle. Faire chauffer le lait de coco dans une petite casserole, ajouter la citronnelle et la laisser infuser jusqu'à ce qu'elle soit fondante (8 à 10 minutes). Saler et poivrer. Arrêter la cuisson et laisser le lait de coco refroidir.

2. Faire cuire les haricots verts et les haricots plats coupés en tronçons de 3 à 4 cm de long à la vapeur (ou les blanchir 5 minutes dans une grande quantité d'eau salée). Les égoutter et les laisser refroidir dans un saladier.

3. Verser la sauce coco sur les haricots froids et mélanger intimement. Saupoudrer d'échalotes frites avant de servir.

## CONCOMBRE, CAROTTE, CORIANDRE

**3-4 PERSONNES - PRÉPARATION 15 MINUTES - REPOS 30 MINUTES**

3 carottes violettes ou orange, 1 concombre

**SAUCE**

1 citron vert, ½ bouquet de coriandre, 1 c. à s. de vinaigre de riz, 3 c. à s. d'huile de colza, 1 petit piment rouge ou vert, 2 pincées de fleur de sel, poivre de Sichuan

1. Peler les carottes et les émincer en forme de tagliatelles avec un économe plat et large : les bandes de carotte font la largeur et la longueur de la carotte. Faire de même avec le concombre et placer les deux dans un saladier. Émincer finement le piment égrainé.

2. Mélanger le jus de citron vert, le vinaigre de riz, le piment, le sel et le poivre. Émulsionner et ajouter l'huile. Émulsionner à nouveau avec une fourchette ou un petit fouet.

Verser la sauce sur les légumes, bien mélanger, effeuiller la coriandre et l'ajouter à la salade. Mélanger le tout et placer une demi-heure au frais. Servir bien frais.

### CONSEIL

On peut ajouter un peu de sambal tomate (voir page 8) dans la sauce pour la rendre plus épicée. On peut également utiliser de la menthe fraîche.

4 PERSONNES - PRÉPARATION 5 À 8 MINUTES - CUISSON 45 MINUTES

# PUDDING DE RIZ NOIR
## et banane rôtie

### PUDDING

2 feuilles de pandan
150 g de riz noir sauvage
50 g de riz rond à risotto
20 cl de lait de coco
50 g de sucre de palme (ou de sucre roux)
20 cl d'eau

### BANANES RÔTIES

8 mini bananes
1 noix de beurre
2 c. à s. de sucre roux
30 g de pistaches émondées concassées

1. Rincer le ou les riz sous l'eau froide 2 minutes (voir « conseil »). Faire cuire à feu doux le riz dans une casserole d'eau avec les feuilles de pandan 30 minutes environ. Ajouter le sucre et bien mélanger.

2. Une fois le liquide évaporé, ôter les feuilles de pandan et verser le lait de coco. Prolonger la cuisson pour que le lait de coco s'évapore aussi, mais pas totalement : le riz doit être crémeux. Il est possible de sucrer davantage en fonction de vos goûts.

3. Dans une poêle, faire chauffer la noix de beurre à feu doux, couper les mini-bananes en deux dans le sens de la longueur. Les saupoudrer de sucre roux et les faire caraméliser doucement en les retournant au bout de 1 minute. On peut ajouter une goutte de cointreau ou de liqueur de fruit.

4. Verser le riz dans des bols et ajouter 1 à 2 bananes, saupoudrer de pistaches concassées. Servir aussitôt.

### CONSEIL

Le mieux est d'utiliser un riz noir gluant, mais il est difficile de le trouver en France ; j'utilise donc un riz sauvage noir ou un riz vénéré, qui a un grain plus allongé. Ce riz restera plus ferme et croquant même en cuisant des heures ! Mais si l'on ne dispose d'aucun riz noir, on peut très bien prendre un riz rond à risotto (cela donnera un aspect plus « riz au lait » à la recette).

4 À 6 PERSONNES - PRÉPARATION 30 MINUTES - CUISSON 15 MINUTES

# CRÊPES FOURRÉES
## à la mangue

### PÂTE À CRÊPES

4 œufs
300 g de farine fluide
40 cl de lait de coco bien fluide, sans grumeaux
2 c. à s. d'huile d'arachide pour la cuisson
1 c. à c. de sucre
1 pincée de sel

### MANGUES

2 mangues bien mûres
1 noix de beurre
1 c. à s. de sucre roux
1 sachet de sucre vanillé
1 pincée de noix de coco râpée

1. Dans un grand saladier ou dans le bol d'un mixeur, verser la farine, ajouter les œufs préalablement battus en omelette et le sel. Mélanger, ajouter petit à petit 30 cl d'eau, puis le lait de coco et 1 cuillère à café de sucre. Mixer à nouveau jusqu'à obtention d'une pâte lisse.

2. Faire chauffer une poêle, verser un peu d'huile et essuyer l'excédent avec du papier absorbant. Le feu ne doit pas être trop fort, mais la poêle doit être chaude. Verser une louche de pâte en lissant pour former une crêpe. Laisser cuire 40 secondes de chaque côté. Recommencer jusqu'à épuisement de la pâte.

3. Éplucher les mangues à l'aide d'un économe plat à fruits, ôter le noyau. Les couper en lamelles et les faire revenir dans une poêle avec un peu de beurre, 1 cuillère à soupe de sucre roux et le sucre vanillé. On peut aussi ajouter le zeste d'un citron vert.

4. Lorsque les lamelles de mangues sont chaudes, stopper la cuisson et remplir chaque crêpe d'une ou de deux lamelles. Refermer la crêpe et servir aussitôt, saupoudré de noix de coco râpée.

4 À 6 PETITES CRÈMES - PRÉPARATION 5 MINUTES - REPOS 15 MINUTES - CUISSON 15 MINUTES + 1 NUIT

# PETITES CRÈMES COCO
## pandan et fruits de la Passion

### INGRÉDIENTS

3 fruits de la Passion
35 cl de lait de coco
2 feuilles de pandan
1 c. à c. d'extrait de vanille liquide
30 cl de crème liquide
2 c. à s. de sucre
1 à 2 feuilles de gélatine

1. Dans une casserole, chauffer 50 cl d'eau avec le sucre jusqu'à ce qu'il soit dissout. Ajouter le lait de coco, les feuilles de pandan (coupées en deux) et l'extrait de vanille. Laisser infuser 15 minutes à feu doux.

2. Pendant ce temps, placer les feuilles de gélatine à ramollir dans un bol d'eau froide pendant 5 minutes. Les essorer avec les doigts et les ajouter au lait de coco après avoir retiré les feuilles de pandan. Retirer du feu. Mélanger au fouet pour qu'elles se dissolvent vite et uniformément. Verser cette préparation dans des mini-moules ou des ramequins. Placer les moules au frais pendant une nuit.

3. Le lendemain, les sortir du réfrigérateur et démouler les crèmes sur des petites assiettes individuelles. On peut les faire tremper dans l'eau chaude quelques secondes pour faciliter l'opération.

4. Couper les fruits de la Passion en deux afin de récupérer la chair et le jus. Bien mélanger (on peut aussi les passer dans une passoire pour ne garder que le jus) et verser sur les crèmes au moment de servir.

# BEIGNETS BANANE-COCO

**4 À 6 PERSONNES - PRÉPARATION 15 MINUTES - CUISSON 5 À 8 MINUTES**

8 bananes (type fréssinettes ou mini bananes)
10 cl de lait de coco
2 c. à s. de noix de coco râpée
3 c. à s. de sucre de palme ou de sucre roux
75 g de farine de riz (ou de blé ou de maïs)
20 g de beurre fondu
30 cl d'huile de pépins de raisin (ou végétale)
sel

**1.** Peler les bananes.

**2.** Dans un petit saladier, préparer la pâte à beignets. Verser la farine, le sel, le sucre, la noix de coco râpée puis le lait de coco (bien dilué ) et le beurre fondu. Fouetter avec une fourchette jusqu'à l'obtention d'une pâte lisse et sans grumeaux. Ajouter un petit peu d'eau si elle est trop épaisse.

**3.** Faire chauffer l'huile dans un wok. Lorsqu'elle est chaude mais non fumante, tremper les bananes une à une dans la pâte, laisser s'égoutter l'excédent et les faire dorer trois par trois dans l'huile 3 à 4 minutes. Les sortir avec une écumoire et les poser sur du papier absorbant. Déguster tiède.

# COCKTAILS DE FRUITS

## ANANAS-MANGUE

4 VERRES - PRÉPARATION 5 MINUTES

**1 ananas, 2 mangues, 1 c. à s. de sucre de palme**

1. Peler les mangues et l'ananas, les couper en gros dés.
2. Mixer les dés de fruits dans un blender avec un verre d'eau et une cuillère à soupe de sucre de palme.
3. Ajouter quelques glaçons avant de servir.

## COCO-BANANE -CITRON VERT

4 VERRES - PRÉPARATION 5 MINUTES

**40 cl de lait de coco, 2 bananes, 3 citrons verts**

1. Presser les citrons verts. Peler les bananes et les couper en rondelles.
2. Verser le lait de coco dans un blender, ajouter quelques glaçons, mixer 1 à 2 minutes. Ajouter le jus des citrons verts et les bananes, mixer à nouveau.
3. Verser dans des verres très frais.

## CAROTTE-ORANGE-PASSION-GINGEMBRE

4 VERRES - PRÉPARATION 5 MINUTES

**600 g de carottes (bio, de préférence), 2 oranges à jus, 2 fruits de la Passion, 1 morceau de 2 cm de gingembre**

1. Passer les carottes dans la centrifugeuse ainsi que le gingembre épluché. Presser les oranges dans un bol à part avec un presse-agrumes. Mélanger les 2 jus.
2. Couper les fruits de la Passion en deux et récupérer la pulpe avec une cuillère à café. La passer dans une petite passoire pour éliminer les pépins.
3. Dans un blender, ajouter une poignée de glaçons, le jus de carotte, le jus d'orange et le jus de fruit de la Passion. Mixer pendant 1 minute.
4. Verser dans des verres bien frais.

### ASTUCE

Pour cette recette, il faut une centrifugeuse à fruits. Si vous n'en avez pas, utilisez du jus de carotte (50 cl).

# AVOCADO JUICE

**4 PERSONNES – PRÉPARATION 5 MINUTES**

2 avocats mûrs
½ citron jaune
3 à 4 c. à s. de sucre
4 c. à s. de lait concentré sucré
1 yaourt brassé

1. Couper les avocats en deux, ôter le noyau et en prélever la chair avec une cuillère à café.
2. Dans un blender, verser le yaourt brassé, le jus de citron, la chair des avocats, le lait concentré sucré et le sucre. Mixer jusqu'à l'obtention d'une crème onctueuse. Verser dans des verres hauts avec une paille.

## ASTUCE

Si le smoothie est trop épais, rajouter un peu de lait.

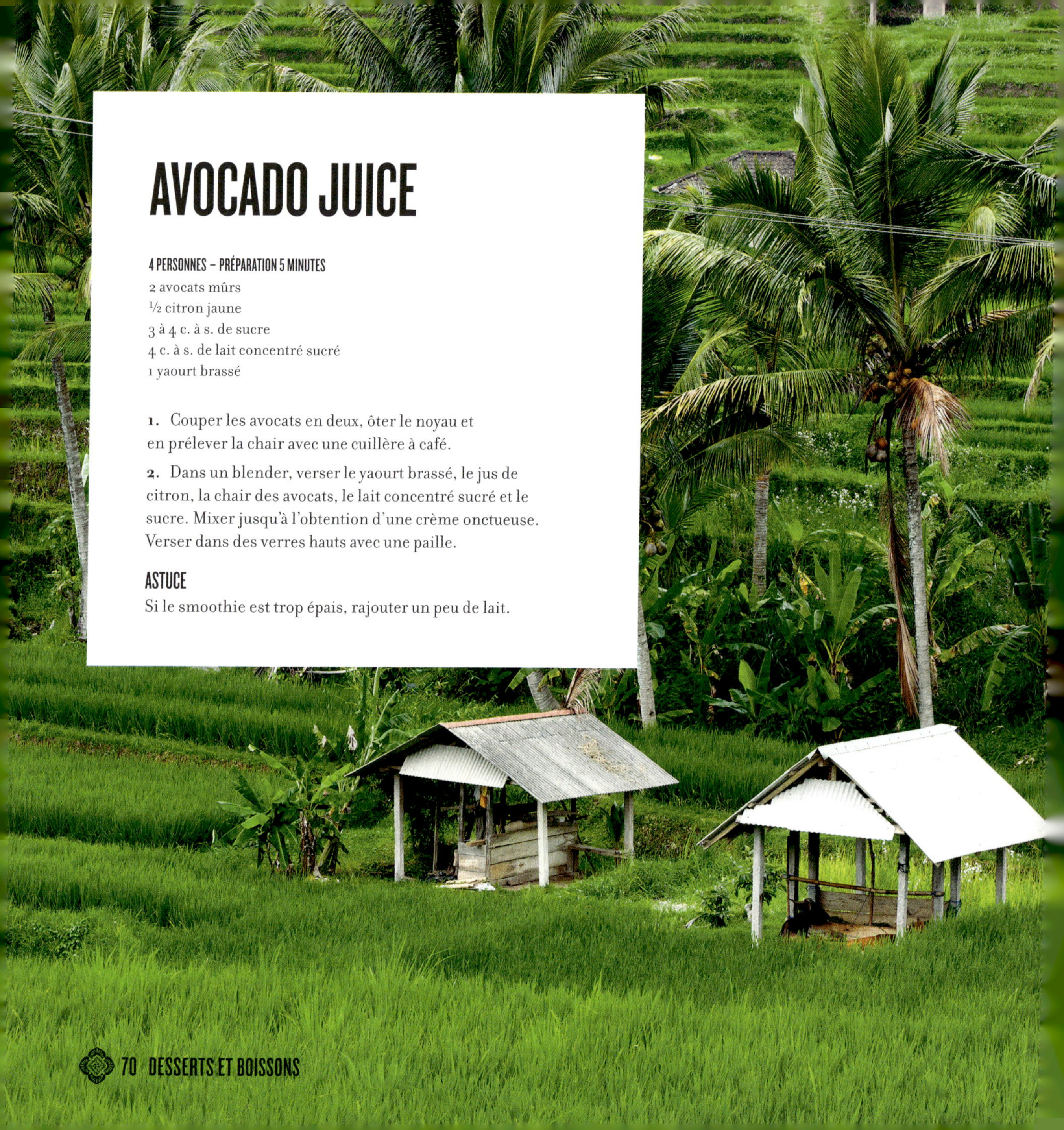

Bali

# REMERCIEMENTS

Je remercie :
La cabane de l'ours : 23, rue Saint-Paul 75004 Paris
Les peintures The littlle Shop : www.the-little-shop.com
Jars Céramistes : www.jarsceramistes.com
Denise et Zinzin, pour leur stock de vaisselle ancienne magnifique.
Mon amoureux, Olivier, pour notre super voyage à Bali (merci de m'avoir emmené aussi loin !), pour ses encouragements et son aide au quotidien. Merci pour tout, du fond du cœur.
Marlène, mon assistante de choc.
Pauline, mon éditrice, pour ses bons conseils et sa compréhension.
Rosemarie et Emmanuel, pour la confiance qu'ils m'accordent dans l'évolution de mes choix.
Ma famille, chaleureusement, pour son soutien.

# ADRESSES

www.nutri-naturel.com, pour l'huile de coco


Relecture : Sophie Schang et Véronique Dussidour
Mise en pages : Frédéric Voisin

Illustrations de la carte : Jane Teasdale

Crédits photographiques :
© Getty images : Marc D Callanan page 10, by « Kuann » Andreas Gryesmayer page 32, Jasper James page 36,
Stuart Dee page 40, Andrew Brownsbill page 48, Edward Lowe photogrpahy page 54, Glowimages page66
© Fotolia : Pascal Pardoux page 30, Orchidflower page 46, Zbyszek Nowak page 58, Murat Suballi page 70


43, quai de Grenelle, 75905 Paris Cedex 15
Dépôt légal : février 2013
ISBN : 978-2-501-08421-5
4126652
Imprimé en Espagne par Graphicas Estella en décembre 2012

499
299
149

Happy birthday MRS. SANDRA

20,
ตัว ละ 15

Chang

Ganesa

499.-
299.-